Renate & Uwe H. Sültz
Bücher von A bis Z

Diabetes-Tagebuch

Blutzuckerspiegel-Tagebuch

BoD - Books on Demand

Norderstedt 2020

Bibliografische Information durch die Deutsche Nationalbibliothek

Die Deutsche Nationalbibliothek verzeichnet diese Publikation in der Deutschen Nationalbibliografie; detaillierte bibliografische Daten sind im Internet über http://dnb.dnb.de abrufbar.

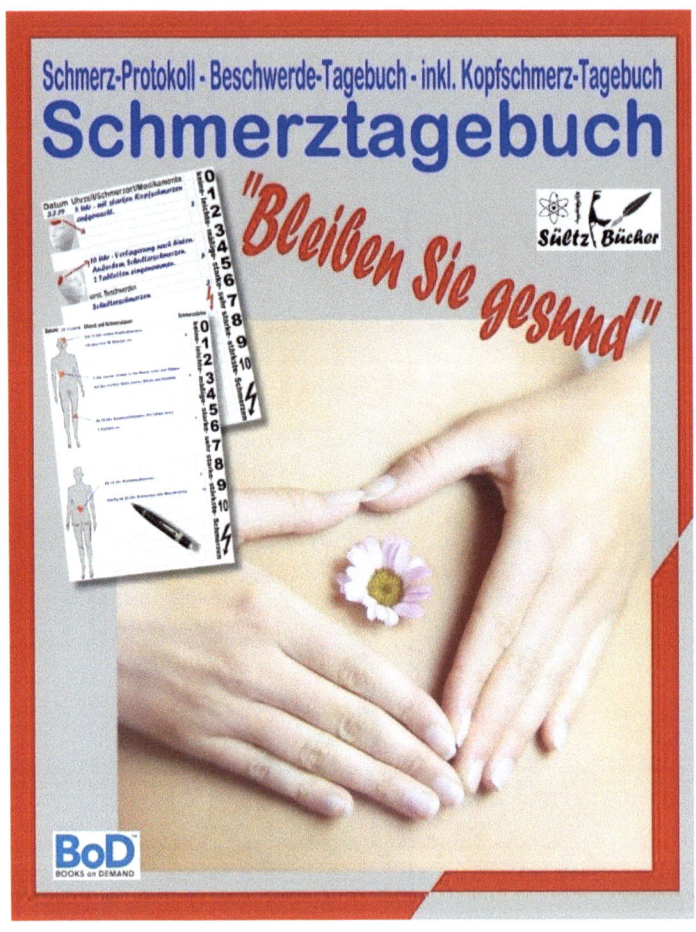

Bild von silviarita auf Pixabay

© 2020 Renate & Uwe H. Sültz

Herstellung und Verlag:

BoD – Books on Demand, Norderstedt

ISBN 9-78375-1-93398-8

Persönliche Daten

Name

Straße

PLZ/Ort

Telefon

BITTE VON IHREM ARZT AUSFÜLLEN

Therapie für Ihre Insulinbehandlung

Zielwerte	Korrektur-Regeln	BE/KE-Faktoren
morgens		
mittags		
abends		
spät		

Normalinsulin	kurzwirkende Analoga
Verzögerungsinsulin	langwirkende Analoga

Therapie für Tablettenbehandlung

Medikamente	morgens vor-zu-nach- dem Essen	mittags vor-zu-nach- dem Essen	abends vor-zu-nach- dem Essen	spät

Vorwort:

Was bedeutet ein erhöhter Blutzuckerspiegel bei Typ-2-Diabetiker?

Das Hormon, das unser Körper produziert, hat die Aufgabe, die Zuckermoleküle aus dem Blut in die Zellen weiterzuleiten. Dies dient der Energiegewinnung. Bei dieser Insulinresistenz staut sich der Zucker in den Blutgefäßen und der Blutzucker steigt. Dies ist jetzt sehr einfach beschrieben. Wer es genauer wissen will, fragt seinen Arzt oder Apotheker. Übergewicht und Bewegungsmangel fördern die Insulinresistenz. Langfristig schädigen diese erhöhten Blutzuckerwerte die Blutgefäße, Nerven und Organe.

Anzeichen für ein Diabetes:

Trockene Haut, starker Durst, starker Harndrang, Müdigkeit, Wunden heilen schlechter, Sehstörung, erhöhte Anfälligkeit für Infektionen.

Tipps:

Bitte die Hände vor der Messung immer waschen! Jede Verunreinigung verfälscht das Messergebnis. Piksen Sie seitlich an der Fingerkuppe, das tut nicht so weh. Daumen und Zeigefinger bleiben außen vor, die werden im täglichen Leben gebraucht. Die Messstreifen sollten nur in der orig. Dose aufbewahrt werden. Unter Bemerkungen lassen sich Faktoren aufschreiben, die den Blutzuckerwert beeinflussen könnten. Etwa Krankheit, Stress, Essen, usw. Bevor Sie sich ans Steuer Ihres Autos setzen, bitte immer erst den Blutzuckerspiegel messen!

Blutzuckerwert vor und nach dem Essen

Datum Uhrzeit	vor	nach	vor	nach	vor	nach	vor	nach	vor	nach	vor	nach
Insulin												
Info												
Gewicht												

Blutzuckerwert vor und nach dem Essen

Datum Uhrzeit	vor	nach	vor	nach	vor	nach	vor	nach	vor	nach	vor	nach
Insulin												
Info												
Gewicht												

Blutzuckerwert vor und nach dem Essen

Datum Uhrzeit	vor	nach	vor	nach	vor	nach	vor	nach	vor	nach	vor	nach
Insulin												
Info												
Gewicht												

Blutzuckerwert vor und nach dem Essen

Datum Uhrzeit	vor	nach	vor	nach	vor	nach	vor	nach	vor	nach	vor	nach
Insulin												
Info												
Gewicht												

Blutzuckerwert vor und nach dem Essen

Datum Uhrzeit	vor	nach	vor	nach	vor	nach	vor	nach	vor	nach	vor	nach
Insulin												
Info												
Gewicht												

Blutzuckerwert vor und nach dem Essen

Datum Uhrzeit	vor	nach	vor	nach	vor	nach	vor	nach	vor	nach	vor	nach
Insulin												
Info												
Gewicht												

Blutzuckerwert vor und nach dem Essen

Datum Uhrzeit	vor	nach	vor	nach	vor	nach	vor	nach	vor	nach	vor	nach
Insulin												
Info												
Gewicht												

Blutzuckerwert vor und nach dem Essen

Datum Uhrzeit	vor	nach	vor	nach	vor	nach	vor	nach	vor	nach	vor	nach
Insulin												
Info												
Gewicht												

Blutzuckerwert vor und nach dem Essen

Datum Uhrzeit	vor	nach	vor	nach	vor	nach	vor	nach	vor	nach	vor	nach
Insulin												
Info												
Gewicht												

Blutzuckerwert vor und nach dem Essen

Datum / Uhrzeit	vor	nach	vor	nach	vor	nach	vor	nach	vor	nach	vor	nach
Insulin												
Info												
Gewicht												

Blutzuckerwert vor und nach dem Essen

Datum / Uhrzeit	vor	nach	vor	nach	vor	nach	vor	nach	vor	nach	vor	nach
Insulin												
Info												
Gewicht												

Blutzuckerwert vor und nach dem Essen

Datum / Uhrzeit	vor	nach	vor	nach	vor	nach	vor	nach	vor	nach	vor	nach
Insulin												
Info												
Gewicht												

Blutzuckerwert vor und nach dem Essen

Datum Uhrzeit	vor	nach	vor	nach	vor	nach	vor	nach	vor	nach	vor	nach
Insulin												
Info												
Gewicht												

Blutzuckerwert vor und nach dem Essen

Datum Uhrzeit	vor	nach	vor	nach	vor	nach	vor	nach	vor	nach	vor	nach
Insulin												
Info												
Gewicht												

Blutzuckerwert vor und nach dem Essen

Datum Uhrzeit	vor	nach	vor	nach	vor	nach	vor	nach	vor	nach	vor	nach
Insulin												
Info												
Gewicht												

Blutzuckerwert vor und nach dem Essen

Datum Uhrzeit	vor	nach	vor	nach	vor	nach	vor	nach	vor	nach	vor	nach
Insulin												
Info												
Gewicht												

Blutzuckerwert vor und nach dem Essen

Datum Uhrzeit	vor	nach	vor	nach	vor	nach	vor	nach	vor	nach	vor	nach
Insulin												
Info												
Gewicht												

Blutzuckerwert vor und nach dem Essen

Datum Uhrzeit	vor	nach	vor	nach	vor	nach	vor	nach	vor	nach	vor	nach
Insulin												
Info												
Gewicht												

Blutzuckerwert vor und nach dem Essen

Datum Uhrzeit	vor	nach	vor	nach	vor	nach	vor	nach	vor	nach	vor	nach
Insulin												
Info												
Gewicht												

Blutzuckerwert vor und nach dem Essen

Datum Uhrzeit	vor	nach	vor	nach	vor	nach	vor	nach	vor	nach	vor	nach
Insulin												
Info												
Gewicht												

Blutzuckerwert vor und nach dem Essen

Datum Uhrzeit	vor	nach	vor	nach	vor	nach	vor	nach	vor	nach	vor	nach
Insulin												
Info												
Gewicht												

Blutzuckerwert vor und nach dem Essen

Datum

Uhrzeit	vor	nach	vor	nach	vor	nach	vor	nach	vor	nach	vor	nach
Insulin												
Info												

Gewicht

Blutzuckerwert vor und nach dem Essen

Datum

Uhrzeit	vor	nach	vor	nach	vor	nach	vor	nach	vor	nach	vor	nach
Insulin												
Info												

Gewicht

Blutzuckerwert vor und nach dem Essen

Datum

Uhrzeit	vor	nach	vor	nach	vor	nach	vor	nach	vor	nach	vor	nach
Insulin												
Info												

Gewicht

Blutzuckerwert vor und nach dem Essen

Datum Uhrzeit	vor	nach	vor	nach	vor	nach	vor	nach	vor	nach	vor	nach
Insulin												
Info												
Gewicht												

Blutzuckerwert vor und nach dem Essen

Datum Uhrzeit	vor	nach	vor	nach	vor	nach	vor	nach	vor	nach	vor	nach
Insulin												
Info												
Gewicht												

Blutzuckerwert vor und nach dem Essen

Datum Uhrzeit	vor	nach	vor	nach	vor	nach	vor	nach	vor	nach	vor	nach
Insulin												
Info												
Gewicht												

Blutzuckerwert vor und nach dem Essen

Datum / Uhrzeit	vor	nach	vor	nach	vor	nach	vor	nach	vor	nach	vor	nach
Insulin												
Info												

Gewicht

Blutzuckerwert vor und nach dem Essen

Datum / Uhrzeit	vor	nach	vor	nach	vor	nach	vor	nach	vor	nach	vor	nach
Insulin												
Info												

Gewicht

Blutzuckerwert vor und nach dem Essen

Datum / Uhrzeit	vor	nach	vor	nach	vor	nach	vor	nach	vor	nach	vor	nach
Insulin												
Info												

Gewicht

Blutzuckerwert vor und nach dem Essen

Datum Uhrzeit	vor	nach	vor	nach	vor	nach	vor	nach	vor	nach	vor	nach
Insulin												
Info												
Gewicht												

Blutzuckerwert vor und nach dem Essen

Datum Uhrzeit	vor	nach	vor	nach	vor	nach	vor	nach	vor	nach	vor	nach
Insulin												
Info												
Gewicht												

Blutzuckerwert vor und nach dem Essen

Datum Uhrzeit	vor	nach	vor	nach	vor	nach	vor	nach	vor	nach	vor	nach
Insulin												
Info												
Gewicht												

Blutzuckerwert vor und nach dem Essen

Datum Uhrzeit	vor	nach	vor	nach	vor	nach	vor	nach	vor	nach	vor	nach
Insulin												
Info												
Gewicht												

Blutzuckerwert vor und nach dem Essen

Datum Uhrzeit	vor	nach	vor	nach	vor	nach	vor	nach	vor	nach	vor	nach
Insulin												
Info												
Gewicht												

Blutzuckerwert vor und nach dem Essen

Datum Uhrzeit	vor	nach	vor	nach	vor	nach	vor	nach	vor	nach	vor	nach
Insulin												
Info												
Gewicht												

Blutzuckerwert vor und nach dem Essen

Datum Uhrzeit	vor	nach	vor	nach	vor	nach	vor	nach	vor	nach	vor	nach
Insulin												
Info												

Gewicht

Blutzuckerwert vor und nach dem Essen

Datum Uhrzeit	vor	nach	vor	nach	vor	nach	vor	nach	vor	nach	vor	nach
Insulin												
Info												

Gewicht

Blutzuckerwert vor und nach dem Essen

Datum Uhrzeit	vor	nach	vor	nach	vor	nach	vor	nach	vor	nach	vor	nach
Insulin												
Info												

Gewicht

Blutzuckerwert vor und nach dem Essen

Datum Uhrzeit	vor	nach	vor	nach	vor	nach	vor	nach	vor	nach	vor	nach
Insulin												
Info												
Gewicht												

Blutzuckerwert vor und nach dem Essen

Datum Uhrzeit	vor	nach	vor	nach	vor	nach	vor	nach	vor	nach	vor	nach
Insulin												
Info												
Gewicht												

Blutzuckerwert vor und nach dem Essen

Datum Uhrzeit	vor	nach	vor	nach	vor	nach	vor	nach	vor	nach	vor	nach
Insulin												
Info												
Gewicht												

Blutzuckerwert vor und nach dem Essen

Datum Uhrzeit	vor	nach	vor	nach	vor	nach	vor	nach	vor	nach	vor	nach
Insulin												
Info												
Gewicht												

Blutzuckerwert vor und nach dem Essen

Datum Uhrzeit	vor	nach	vor	nach	vor	nach	vor	nach	vor	nach	vor	nach
Insulin												
Info												
Gewicht												

Blutzuckerwert vor und nach dem Essen

Datum Uhrzeit	vor	nach	vor	nach	vor	nach	vor	nach	vor	nach	vor	nach
Insulin												
Info												
Gewicht												

Blutzuckerwert vor und nach dem Essen

Datum Uhrzeit	vor	nach	vor	nach	vor	nach	vor	nach	vor	nach	vor	nach
Insulin												
Info												
Gewicht												

Blutzuckerwert vor und nach dem Essen

Datum Uhrzeit	vor	nach	vor	nach	vor	nach	vor	nach	vor	nach	vor	nach
Insulin												
Info												
Gewicht												

Blutzuckerwert vor und nach dem Essen

Datum Uhrzeit	vor	nach	vor	nach	vor	nach	vor	nach	vor	nach	vor	nach
Insulin												
Info												
Gewicht												

Blutzuckerwert vor und nach dem Essen

Datum Uhrzeit	vor	nach	vor	nach	vor	nach	vor	nach	vor	nach	vor	nach
Insulin												
Info												

Gewicht

Blutzuckerwert vor und nach dem Essen

Datum Uhrzeit	vor	nach	vor	nach	vor	nach	vor	nach	vor	nach	vor	nach
Insulin												
Info												

Gewicht

Blutzuckerwert vor und nach dem Essen

Datum Uhrzeit	vor	nach	vor	nach	vor	nach	vor	nach	vor	nach	vor	nach
Insulin												
Info												

Gewicht

Blutzuckerwert vor und nach dem Essen

Datum Uhrzeit	vor	nach	vor	nach	vor	nach	vor	nach	vor	nach	vor	nach
Insulin												
Info												
Gewicht												

Blutzuckerwert vor und nach dem Essen

Datum Uhrzeit	vor	nach	vor	nach	vor	nach	vor	nach	vor	nach	vor	nach
Insulin												
Info												
Gewicht												

Blutzuckerwert vor und nach dem Essen

Datum Uhrzeit	vor	nach	vor	nach	vor	nach	vor	nach	vor	nach	vor	nach
Insulin												
Info												
Gewicht												

Blutzuckerwert vor und nach dem Essen

Datum

Uhrzeit	vor	nach	vor	nach	vor	nach	vor	nach	vor	nach	vor	nach
Insulin												
Info												

Gewicht

Blutzuckerwert vor und nach dem Essen

Datum

Uhrzeit	vor	nach	vor	nach	vor	nach	vor	nach	vor	nach	vor	nach
Insulin												
Info												

Gewicht

Blutzuckerwert vor und nach dem Essen

Datum

Uhrzeit	vor	nach	vor	nach	vor	nach	vor	nach	vor	nach	vor	nach
Insulin												
Info												

Gewicht

Blutzuckerwert vor und nach dem Essen

Datum Uhrzeit	vor	nach	vor	nach	vor	nach	vor	nach	vor	nach	vor	nach
Insulin												
Info												
Gewicht												

Blutzuckerwert vor und nach dem Essen

Datum Uhrzeit	vor	nach	vor	nach	vor	nach	vor	nach	vor	nach	vor	nach
Insulin												
Info												
Gewicht												

Blutzuckerwert vor und nach dem Essen

Datum Uhrzeit	vor	nach	vor	nach	vor	nach	vor	nach	vor	nach	vor	nach
Insulin												
Info												
Gewicht												

Blutzuckerwert vor und nach dem Essen

Datum Uhrzeit	vor	nach	vor	nach	vor	nach	vor	nach	vor	nach	vor	nach
Insulin												
Info												

Gewicht

Blutzuckerwert vor und nach dem Essen

Datum Uhrzeit	vor	nach	vor	nach	vor	nach	vor	nach	vor	nach	vor	nach
Insulin												
Info												

Gewicht

Blutzuckerwert vor und nach dem Essen

Datum Uhrzeit	vor	nach	vor	nach	vor	nach	vor	nach	vor	nach	vor	nach
Insulin												
Info												

Gewicht

Blutzuckerwert vor und nach dem Essen

Datum Uhrzeit	vor	nach	vor	nach	vor	nach	vor	nach	vor	nach	vor	nach
Insulin												
Info												
Gewicht												

Blutzuckerwert vor und nach dem Essen

Datum Uhrzeit	vor	nach	vor	nach	vor	nach	vor	nach	vor	nach	vor	nach
Insulin												
Info												
Gewicht												

Blutzuckerwert vor und nach dem Essen

Datum Uhrzeit	vor	nach	vor	nach	vor	nach	vor	nach	vor	nach	vor	nach
Insulin												
Info												
Gewicht												

Blutzuckerwert vor und nach dem Essen

Datum Uhrzeit	vor	nach	vor	nach	vor	nach	vor	nach	vor	nach	vor	nach
Insulin												
Info												

Gewicht

Blutzuckerwert vor und nach dem Essen

Datum Uhrzeit	vor	nach	vor	nach	vor	nach	vor	nach	vor	nach	vor	nach
Insulin												
Info												

Gewicht

Blutzuckerwert vor und nach dem Essen

Datum Uhrzeit	vor	nach	vor	nach	vor	nach	vor	nach	vor	nach	vor	nach
Insulin												
Info												

Gewicht

Blutzuckerwert vor und nach dem Essen

Datum Uhrzeit	vor	nach	vor	nach	vor	nach	vor	nach	vor	nach	vor	nach
Insulin												
Info												
Gewicht												

Blutzuckerwert vor und nach dem Essen

Datum Uhrzeit	vor	nach	vor	nach	vor	nach	vor	nach	vor	nach	vor	nach
Insulin												
Info												
Gewicht												

Blutzuckerwert vor und nach dem Essen

Datum Uhrzeit	vor	nach	vor	nach	vor	nach	vor	nach	vor	nach	vor	nach
Insulin												
Info												
Gewicht												

Blutzuckerwert vor und nach dem Essen

Datum Uhrzeit	vor	nach	vor	nach	vor	nach	vor	nach	vor	nach	vor	nach
Insulin												
Info												
Gewicht												

Blutzuckerwert vor und nach dem Essen

Datum Uhrzeit	vor	nach	vor	nach	vor	nach	vor	nach	vor	nach	vor	nach
Insulin												
Info												
Gewicht												

Blutzuckerwert vor und nach dem Essen

Datum Uhrzeit	vor	nach	vor	nach	vor	nach	vor	nach	vor	nach	vor	nach
Insulin												
Info												
Gewicht												

Blutzuckerwert vor und nach dem Essen

Datum Uhrzeit	vor	nach	vor	nach	vor	nach	vor	nach	vor	nach	vor	nach
Insulin												
Info												
Gewicht												

Blutzuckerwert vor und nach dem Essen

Datum Uhrzeit	vor	nach	vor	nach	vor	nach	vor	nach	vor	nach	vor	nach
Insulin												
Info												
Gewicht												

Blutzuckerwert vor und nach dem Essen

Datum Uhrzeit	vor	nach	vor	nach	vor	nach	vor	nach	vor	nach	vor	nach
Insulin												
Info												
Gewicht												

Blutzuckerwert vor und nach dem Essen

Datum Uhrzeit	vor	nach	vor	nach	vor	nach	vor	nach	vor	nach	vor	nach
Insulin												
Info												
Gewicht												

Blutzuckerwert vor und nach dem Essen

Datum Uhrzeit	vor	nach	vor	nach	vor	nach	vor	nach	vor	nach	vor	nach
Insulin												
Info												
Gewicht												

Blutzuckerwert vor und nach dem Essen

Datum Uhrzeit	vor	nach	vor	nach	vor	nach	vor	nach	vor	nach	vor	nach
Insulin												
Info												
Gewicht												

Blutzuckerwert vor und nach dem Essen

Datum Uhrzeit	vor	nach	vor	nach	vor	nach	vor	nach	vor	nach	vor	nach
Insulin												
Info												

Gewicht

Blutzuckerwert vor und nach dem Essen

Datum Uhrzeit	vor	nach	vor	nach	vor	nach	vor	nach	vor	nach	vor	nach
Insulin												
Info												

Gewicht

Blutzuckerwert vor und nach dem Essen

Datum Uhrzeit	vor	nach	vor	nach	vor	nach	vor	nach	vor	nach	vor	nach
Insulin												
Info												

Gewicht

Blutzuckerwert vor und nach dem Essen

Datum / Uhrzeit	vor	nach	vor	nach	vor	nach	vor	nach	vor	nach	vor	nach
Insulin												
Info												
Gewicht												

Blutzuckerwert vor und nach dem Essen

Datum / Uhrzeit	vor	nach	vor	nach	vor	nach	vor	nach	vor	nach	vor	nach
Insulin												
Info												
Gewicht												

Blutzuckerwert vor und nach dem Essen

Datum / Uhrzeit	vor	nach	vor	nach	vor	nach	vor	nach	vor	nach	vor	nach
Insulin												
Info												
Gewicht												

Blutzuckerwert vor und nach dem Essen

Datum Uhrzeit	vor	nach	vor	nach	vor	nach	vor	nach	vor	nach	vor	nach
Insulin												
Info												
Gewicht												

Blutzuckerwert vor und nach dem Essen

Datum Uhrzeit	vor	nach	vor	nach	vor	nach	vor	nach	vor	nach	vor	nach
Insulin												
Info												
Gewicht												

Blutzuckerwert vor und nach dem Essen

Datum Uhrzeit	vor	nach	vor	nach	vor	nach	vor	nach	vor	nach	vor	nach
Insulin												
Info												
Gewicht												

Blutzuckerwert vor und nach dem Essen

Datum Uhrzeit	vor	nach	vor	nach	vor	nach	vor	nach	vor	nach	vor	nach
Insulin												
Info												

Gewicht

Blutzuckerwert vor und nach dem Essen

Datum Uhrzeit	vor	nach	vor	nach	vor	nach	vor	nach	vor	nach	vor	nach
Insulin												
Info												

Gewicht

Blutzuckerwert vor und nach dem Essen

Datum Uhrzeit	vor	nach	vor	nach	vor	nach	vor	nach	vor	nach	vor	nach
Insulin												
Info												

Gewicht

Blutzuckerwert vor und nach dem Essen

Datum Uhrzeit	vor	nach	vor	nach	vor	nach	vor	nach	vor	nach	vor	nach
Insulin												
Info												
Gewicht												

Blutzuckerwert vor und nach dem Essen

Datum Uhrzeit	vor	nach	vor	nach	vor	nach	vor	nach	vor	nach	vor	nach
Insulin												
Info												
Gewicht												

Blutzuckerwert vor und nach dem Essen

Datum Uhrzeit	vor	nach	vor	nach	vor	nach	vor	nach	vor	nach	vor	nach
Insulin												
Info												
Gewicht												

Blutzuckerwert vor und nach dem Essen

Datum Uhrzeit	vor	nach	vor	nach	vor	nach	vor	nach	vor	nach	vor	nach
Insulin												
Info												
Gewicht												

Blutzuckerwert vor und nach dem Essen

Datum Uhrzeit	vor	nach	vor	nach	vor	nach	vor	nach	vor	nach	vor	nach
Insulin												
Info												
Gewicht												

Blutzuckerwert vor und nach dem Essen

Datum Uhrzeit	vor	nach	vor	nach	vor	nach	vor	nach	vor	nach	vor	nach
Insulin												
Info												
Gewicht												

Blutzuckerwert vor und nach dem Essen

Datum Uhrzeit	vor	nach	vor	nach	vor	nach	vor	nach	vor	nach	vor	nach
Insulin												
Info												
Gewicht												

Blutzuckerwert vor und nach dem Essen

Datum Uhrzeit	vor	nach	vor	nach	vor	nach	vor	nach	vor	nach	vor	nach
Insulin												
Info												
Gewicht												

Blutzuckerwert vor und nach dem Essen

Datum Uhrzeit	vor	nach	vor	nach	vor	nach	vor	nach	vor	nach	vor	nach
Insulin												
Info												
Gewicht												

Blutzuckerwert vor und nach dem Essen

Datum / Uhrzeit	vor	nach	vor	nach	vor	nach	vor	nach	vor	nach	vor	nach
Insulin												
Info												
Gewicht												

Blutzuckerwert vor und nach dem Essen

Datum / Uhrzeit	vor	nach	vor	nach	vor	nach	vor	nach	vor	nach	vor	nach
Insulin												
Info												
Gewicht												

Blutzuckerwert vor und nach dem Essen

Datum / Uhrzeit	vor	nach	vor	nach	vor	nach	vor	nach	vor	nach	vor	nach
Insulin												
Info												
Gewicht												

Blutzuckerwert vor und nach dem Essen

Datum Uhrzeit	vor	nach	vor	nach	vor	nach	vor	nach	vor	nach	vor	nach
Insulin												
Info												
Gewicht												

Blutzuckerwert vor und nach dem Essen

Datum Uhrzeit	vor	nach	vor	nach	vor	nach	vor	nach	vor	nach	vor	nach
Insulin												
Info												
Gewicht												

Blutzuckerwert vor und nach dem Essen

Datum Uhrzeit	vor	nach	vor	nach	vor	nach	vor	nach	vor	nach	vor	nach
Insulin												
Info												
Gewicht												

Blutzuckerwert vor und nach dem Essen

Datum Uhrzeit	vor	nach	vor	nach	vor	nach	vor	nach	vor	nach	vor	nach
Insulin												
Info												
Gewicht												

Blutzuckerwert vor und nach dem Essen

Datum Uhrzeit	vor	nach	vor	nach	vor	nach	vor	nach	vor	nach	vor	nach
Insulin												
Info												
Gewicht												

Blutzuckerwert vor und nach dem Essen

Datum Uhrzeit	vor	nach	vor	nach	vor	nach	vor	nach	vor	nach	vor	nach
Insulin												
Info												
Gewicht												

Blutzuckerwert vor und nach dem Essen

Datum Uhrzeit	vor	nach	vor	nach	vor	nach	vor	nach	vor	nach	vor	nach
Insulin												
Info												
Gewicht												

Blutzuckerwert vor und nach dem Essen

Datum Uhrzeit	vor	nach	vor	nach	vor	nach	vor	nach	vor	nach	vor	nach
Insulin												
Info												
Gewicht												

Blutzuckerwert vor und nach dem Essen

Datum Uhrzeit	vor	nach	vor	nach	vor	nach	vor	nach	vor	nach	vor	nach
Insulin												
Info												
Gewicht												

Blutzuckerwert vor und nach dem Essen

Datum Uhrzeit	vor	nach	vor	nach	vor	nach	vor	nach	vor	nach	vor	nach
Insulin												
Info												
Gewicht												

Blutzuckerwert vor und nach dem Essen

Datum Uhrzeit	vor	nach	vor	nach	vor	nach	vor	nach	vor	nach	vor	nach
Insulin												
Info												
Gewicht												

Blutzuckerwert vor und nach dem Essen

Datum Uhrzeit	vor	nach	vor	nach	vor	nach	vor	nach	vor	nach	vor	nach
Insulin												
Info												
Gewicht												

Blutzuckerwert vor und nach dem Essen

Datum Uhrzeit	vor	nach	vor	nach	vor	nach	vor	nach	vor	nach	vor	nach
Insulin												
Info												
Gewicht												

Blutzuckerwert vor und nach dem Essen

Datum Uhrzeit	vor	nach	vor	nach	vor	nach	vor	nach	vor	nach	vor	nach
Insulin												
Info												
Gewicht												

Blutzuckerwert vor und nach dem Essen

Datum Uhrzeit	vor	nach	vor	nach	vor	nach	vor	nach	vor	nach	vor	nach
Insulin												
Info												
Gewicht												

Blutzuckerwert vor und nach dem Essen

Datum Uhrzeit	vor	nach	vor	nach	vor	nach	vor	nach	vor	nach	vor	nach
Insulin												
Info												

Gewicht

Blutzuckerwert vor und nach dem Essen

Datum Uhrzeit	vor	nach	vor	nach	vor	nach	vor	nach	vor	nach	vor	nach
Insulin												
Info												

Gewicht

Blutzuckerwert vor und nach dem Essen

Datum Uhrzeit	vor	nach	vor	nach	vor	nach	vor	nach	vor	nach	vor	nach
Insulin												
Info												

Gewicht

Blutzuckerwert vor und nach dem Essen

Datum Uhrzeit	vor	nach	vor	nach	vor	nach	vor	nach	vor	nach	vor	nach
Insulin												
Info												
Gewicht												

Blutzuckerwert vor und nach dem Essen

Datum Uhrzeit	vor	nach	vor	nach	vor	nach	vor	nach	vor	nach	vor	nach
Insulin												
Info												
Gewicht												

Blutzuckerwert vor und nach dem Essen

Datum Uhrzeit	vor	nach	vor	nach	vor	nach	vor	nach	vor	nach	vor	nach
Insulin												
Info												
Gewicht												

Blutzuckerwert vor und nach dem Essen

Datum Uhrzeit	vor	nach	vor	nach	vor	nach	vor	nach	vor	nach	vor	nach
Insulin												
Info												
Gewicht												

Blutzuckerwert vor und nach dem Essen

Datum Uhrzeit	vor	nach	vor	nach	vor	nach	vor	nach	vor	nach	vor	nach
Insulin												
Info												
Gewicht												

Blutzuckerwert vor und nach dem Essen

Datum Uhrzeit	vor	nach	vor	nach	vor	nach	vor	nach	vor	nach	vor	nach
Insulin												
Info												
Gewicht												

Blutzuckerwert vor und nach dem Essen

Datum Uhrzeit	vor	nach	vor	nach	vor	nach	vor	nach	vor	nach	vor	nach
Insulin												
Info												
Gewicht												

Blutzuckerwert vor und nach dem Essen

Datum Uhrzeit	vor	nach	vor	nach	vor	nach	vor	nach	vor	nach	vor	nach
Insulin												
Info												
Gewicht												

Blutzuckerwert vor und nach dem Essen

Datum Uhrzeit	vor	nach	vor	nach	vor	nach	vor	nach	vor	nach	vor	nach
Insulin												
Info												
Gewicht												

Blutzuckerwert vor und nach dem Essen

Datum Uhrzeit	vor	nach	vor	nach	vor	nach	vor	nach	vor	nach	vor	nach
Insulin												
Info												
Gewicht												

Blutzuckerwert vor und nach dem Essen

Datum Uhrzeit	vor	nach	vor	nach	vor	nach	vor	nach	vor	nach	vor	nach
Insulin												
Info												
Gewicht												

Blutzuckerwert vor und nach dem Essen

Datum Uhrzeit	vor	nach	vor	nach	vor	nach	vor	nach	vor	nach	vor	nach
Insulin												
Info												
Gewicht												

Blutzuckerwert vor und nach dem Essen

Datum Uhrzeit	vor	nach	vor	nach	vor	nach	vor	nach	vor	nach	vor	nach
Insulin												
Info												
Gewicht												

Blutzuckerwert vor und nach dem Essen

Datum Uhrzeit	vor	nach	vor	nach	vor	nach	vor	nach	vor	nach	vor	nach
Insulin												
Info												
Gewicht												

Blutzuckerwert vor und nach dem Essen

Datum Uhrzeit	vor	nach	vor	nach	vor	nach	vor	nach	vor	nach	vor	nach
Insulin												
Info												
Gewicht												

Blutzuckerwert vor und nach dem Essen

Datum Uhrzeit	vor	nach	vor	nach	vor	nach	vor	nach	vor	nach	vor	nach
Insulin												
Info												

Gewicht

Blutzuckerwert vor und nach dem Essen

Datum Uhrzeit	vor	nach	vor	nach	vor	nach	vor	nach	vor	nach	vor	nach
Insulin												
Info												

Gewicht

Blutzuckerwert vor und nach dem Essen

Datum Uhrzeit	vor	nach	vor	nach	vor	nach	vor	nach	vor	nach	vor	nach
Insulin												
Info												

Gewicht

Blutzuckerwert vor und nach dem Essen

Datum Uhrzeit	vor	nach	vor	nach	vor	nach	vor	nach	vor	nach	vor	nach
Insulin												
Info												
Gewicht												

Blutzuckerwert vor und nach dem Essen

Datum Uhrzeit	vor	nach	vor	nach	vor	nach	vor	nach	vor	nach	vor	nach
Insulin												
Info												
Gewicht												

Blutzuckerwert vor und nach dem Essen

Datum Uhrzeit	vor	nach	vor	nach	vor	nach	vor	nach	vor	nach	vor	nach
Insulin												
Info												
Gewicht												

Blutzuckerwert vor und nach dem Essen

Datum Uhrzeit	vor	nach	vor	nach	vor	nach	vor	nach	vor	nach	vor	nach
Insulin												
Info												

Gewicht

Blutzuckerwert vor und nach dem Essen

Datum Uhrzeit	vor	nach	vor	nach	vor	nach	vor	nach	vor	nach	vor	nach
Insulin												
Info												

Gewicht

Blutzuckerwert vor und nach dem Essen

Datum Uhrzeit	vor	nach	vor	nach	vor	nach	vor	nach	vor	nach	vor	nach
Insulin												
Info												

Gewicht

Blutzuckerwert vor und nach dem Essen

Datum Uhrzeit	vor	nach	vor	nach	vor	nach	vor	nach	vor	nach	vor	nach
Insulin												
Info												
Gewicht												

Blutzuckerwert vor und nach dem Essen

Datum Uhrzeit	vor	nach	vor	nach	vor	nach	vor	nach	vor	nach	vor	nach
Insulin												
Info												
Gewicht												

Blutzuckerwert vor und nach dem Essen

Datum Uhrzeit	vor	nach	vor	nach	vor	nach	vor	nach	vor	nach	vor	nach
Insulin												
Info												
Gewicht												

Blutzuckerwert vor und nach dem Essen

Datum Uhrzeit	vor	nach	vor	nach	vor	nach	vor	nach	vor	nach	vor	nach
Insulin												
Info												
Gewicht												

Blutzuckerwert vor und nach dem Essen

Datum Uhrzeit	vor	nach	vor	nach	vor	nach	vor	nach	vor	nach	vor	nach
Insulin												
Info												
Gewicht												

Blutzuckerwert vor und nach dem Essen

Datum Uhrzeit	vor	nach	vor	nach	vor	nach	vor	nach	vor	nach	vor	nach
Insulin												
Info												
Gewicht												

Blutzuckerwert vor und nach dem Essen

Datum Uhrzeit	vor	nach	vor	nach	vor	nach	vor	nach	vor	nach	vor	nach
Insulin												
Info												

Gewicht

Blutzuckerwert vor und nach dem Essen

Datum Uhrzeit	vor	nach	vor	nach	vor	nach	vor	nach	vor	nach	vor	nach
Insulin												
Info												

Gewicht

Blutzuckerwert vor und nach dem Essen

Datum Uhrzeit	vor	nach	vor	nach	vor	nach	vor	nach	vor	nach	vor	nach
Insulin												
Info												

Gewicht

Blutzuckerwert vor und nach dem Essen

Datum Uhrzeit	vor	nach	vor	nach	vor	nach	vor	nach	vor	nach	vor	nach
Insulin												
Info												
Gewicht												

Blutzuckerwert vor und nach dem Essen

Datum Uhrzeit	vor	nach	vor	nach	vor	nach	vor	nach	vor	nach	vor	nach
Insulin												
Info												
Gewicht												

Blutzuckerwert vor und nach dem Essen

Datum Uhrzeit	vor	nach	vor	nach	vor	nach	vor	nach	vor	nach	vor	nach
Insulin												
Info												
Gewicht												

Blutzuckerwert vor und nach dem Essen

Datum Uhrzeit	vor	nach	vor	nach	vor	nach	vor	nach	vor	nach	vor	nach
Insulin												
Info												
Gewicht												

Blutzuckerwert vor und nach dem Essen

Datum Uhrzeit	vor	nach	vor	nach	vor	nach	vor	nach	vor	nach	vor	nach
Insulin												
Info												
Gewicht												

Blutzuckerwert vor und nach dem Essen

Datum Uhrzeit	vor	nach	vor	nach	vor	nach	vor	nach	vor	nach	vor	nach
Insulin												
Info												
Gewicht												

Blutzuckerwert vor und nach dem Essen

Datum / Uhrzeit	vor	nach	vor	nach	vor	nach	vor	nach	vor	nach	vor	nach
Insulin												
Info												
Gewicht												

Blutzuckerwert vor und nach dem Essen

Datum / Uhrzeit	vor	nach	vor	nach	vor	nach	vor	nach	vor	nach	vor	nach
Insulin												
Info												
Gewicht												

Blutzuckerwert vor und nach dem Essen

Datum / Uhrzeit	vor	nach	vor	nach	vor	nach	vor	nach	vor	nach	vor	nach
Insulin												
Info												
Gewicht												

Blutzuckerwert vor und nach dem Essen

Datum
Uhrzeit

vor	nach	vor	nach	vor	nach	vor	nach	vor	nach	vor	nach

Insulin

Info

Gewicht

Blutzuckerwert vor und nach dem Essen

Datum
Uhrzeit

vor	nach	vor	nach	vor	nach	vor	nach	vor	nach	vor	nach

Insulin

Info

Gewicht

Blutzuckerwert vor und nach dem Essen

Datum
Uhrzeit

vor	nach	vor	nach	vor	nach	vor	nach	vor	nach	vor	nach

Insulin

Info

Gewicht